Franziska Bertschy
Manfred Kaderli

Subito

Franziska Bertschy
Manfred Kaderli

Subito

Spontane Gruppenspiele mit k(l)einem Material

Textillustrationen
von Christoph Fischer

rex verlag luzern

Bibliografische Informationen der Deutschen Bibliothek
Die Deutsche Bibliothek verzeichnet diese Publikation in der Deutschen Nationalbibliografie: detaillierte bibliografische Daten sind im Internet über www.ddb.de abrufbar.

5. Auflage 2005

Illustrationen: Christoph Fischer, Illustrator, Luzern
Foto Umschlag: Goodshoot, Frankreich
Satz und Gestaltung: Manfred Kaderli, Freiburg
Gesamtherstellung:
Memminger MedienCentrum, Memmingen
ISBN 3-7252-0683-X

Inhaltsverzeichnis

Dank

Ein herzlicher Dank gebührt folgenden Personen, die mit Kritik, Anregungen und Gedanken zum Gelingen dieses Buches beigetragen haben:

Agi Ottiger-Richli, Lengnau
Christof Musy, Düdingen
Corinne Raetzo-Brülhart, St. Antoni
Daniel Fuchs, St. Antoni
Daniel Ritter, Olten
Daniela Nussbaumer, Basel
Evelyn Waser, St. Gallen

Vorwort

„Lasst uns spielen!"
„Wer kennt ein gutes Spiel?"
„Oh nein, nicht schon wieder Versteckis!"

So oder ähnlich tönt es aus dem Mund von Kindern und Erwachsenen. Jetzt sind „subito" Ideen gefragt. Genau an dieser Stelle sehen die Autorin und der Autor die vorliegende Spielsammlung. Die Vielfalt und der Reichtum an Spielen mit keinem oder nur mit kleinem Material ist schier unerschöpflich und insofern kann Subito nur eine gute Auswahl darstellen. Dies zeigt aber, wie wenig eigentlich nötig ist, um Spiel und Spass zu erleben. In diesem Sinne wünschen wir allen Neueinsteigenden sowie den Eingefleischten viele kurzweilige Spielmomente.

Franziska Bertschy
Manfred Kaderli

Das Was, Wozu und Wie

Was sind Subito-Spiele?

Subito-Spiele sind eher kürzere Spiele, die sich ohne lange Erklärung an Ort und Stelle subito (schnell, sofort) spielen lassen. Subito-Spiele können auch x-mal gespielt werden. Wenn für ein Spiel Material notwendig ist, dann hat dieses in der Hosentasche Platz, zum Beispiel Münzen, Taschentücher oder Würfel.

Wozu dienen Subito-Spiele?

Weil spontane Spiele keine Vorbereitung benötigen, sind sie besonders geeignet zum Überbrücken von Wartezeiten, als Abwechslung unterwegs, zum Aufwärmen in der kalten Jahreszeit, als Aktiv-Pause oder für kurze Spielblöcke, aber natürlich nicht nur. Damit die Spielleitung in solchen Situationen „subito" ein Spiel leiten kann, ist im Anhang eine Tabelle mit allen vorgestellten Spielen zu finden. Zu jedem Spiel können daraus die passenden Situationen, in denen es erfolgreich eingesetzt wird, herausgelesen werden.

Wie Spiele leiten?

Die Auswahl eines Spieles ist der erste Schritt. Danach muss das Spiel von einer Person erklärt und begleitet werden. Was dabei zu beachten ist, darüber gibt die folgende Checkliste Auskunft. Vorausgesetzt wird, dass die Spielleiterin oder der Spielleiter selbst Lust zu spielen hat.

- das Spiel dem Gelände anpassen und mögliche Gefahrenquellen berücksichtigen (Bahngeleise, vorbeifahrende Autos, unbekanntes Gelände...)
- das Spiel aufgrund der allgemeinen Stimmung und der zur Verfügung stehenden Zeit wählen
- niemanden zum Mitspielen zwingen (dies verdirbt höchstens den anderen die gute Laune)
- das Spiel so erklären, dass alle es verstehen
- einfache und eingängige Spielregeln festlegen und konsequent anwenden
- die Spielregeln nach Bedarf abändern, aber die Änderungen vorher mit den Mitspielenden absprechen
- das Spiel kurz nach dem Höhepunkt abbrechen und eventuell ein neues beginnen

Damit die Spielleitung in jeder Situation flexibel reagieren kann, ist es sinnvoll, sich als Spielleitung ein kleines Repertoire an Spielen anzueignen.

Aufbau der Spielerklärungen

Die folgenden Spielbeschreibungen sind immer nach demselben Muster aufgebaut. Unter dem Spieltitel steht ein Kurzbeschrieb, der das Ziel vermittelt oder der Spielleitung bereits bekannte Spiele rasch wieder in Erinnerung ruft.

Symbole

Danach folgen verschiedene Symbole:

bewegungs-
intensiv

aktiv

ruhig

die minimale Anzahl Spielende

draussen
(Wiesen, Wald)

drinnen
(zum Beispiel im Gruppenraum, Lagerhaus oder Klassenzimmer)

Die Spiele, welche draussen gespielt werden, können meistens auch in grossen Räumen gespielt werden, beispielsweise in einer Turnhalle.

Falls nötig ergänzen im Anschluss präzisierende Angaben über Ort und Material die Rahmenbedingungen.

Den Hauptteil bildet eine ausführliche Spielerklärungen und ganz am Schluss folgen je nach dem Varianten zum Spiel.

Schere, Stein, Papier

Wer im Duell das richtige Zeichen wählt gewinnt.

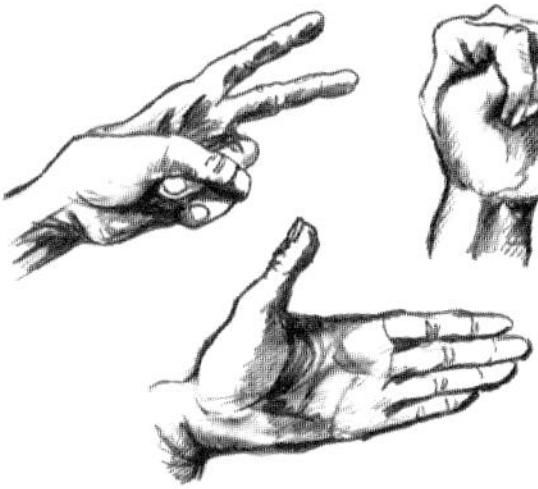

2

Zwei Personen stehen einander gegenüber und halten die Hände hinter den Rücken. Dann sprechen beide gleichzeitig: „Schere, Stein, Papier". Bei Papier strecken sie gleichzeitig eine Hand nach vorne und zeigen entweder eine Schere (zwei gespreizte Finger), einen Stein (Faust) oder ein Papier (geöffnete Handfläche).

Gewinnregeln: Das Papier kann den Stein umwickeln und gewinnt daher, der Stein zerstört die Schere und die Schere zerschneidet das Papier. Gewonnen hat, wer bei drei Durchgängen mindestens zweimal siegt.

Daumen raten oder „Dümele"

Wer am schlechtesten raten kann, verliert.

2 Zwei oder mehrere Personen stehen im Kreis und strecken die Fäuste in die Mitte. Eine Person beginnt mit raten, wie viele Daumen gehoben werden. Sie sagt: „Eins, zwei, ..." – statt drei wird die Zahl eingesetzt, die man schätzt. Gleichzeitig mit dem Nennen der geratenen Zahl strecken alle Beteiligten so viele Daumen hoch wie sie sich vornahmen. Stimmt die genannte Zahl mit der Anzahl gestreckter Daumen überein, so darf die Person, die richtig geraten hat, eine ihrer Fäuste aus dem Kreis herausziehen. Nun ist die nächste Person an der Reihe mit Raten. Wer zuletzt noch seine Faust oder gar beide Fäuste im Kreis hat, verliert.

Kampf der Krebse

Welcher Krebs liegt zuerst auf dem Rücken?

Ort

Trockene Wiese
Grösserer Raum

2

Zwei Krebse kämpfen gegeneinander. Sie bewegen sich auf Händen und Füssen, aber mit dem Rücken und nicht mit dem Bauch zum Boden. Wer geht als letzter zu Boden? Die Krebse dürfen sich gegenseitig belästigen, das heisst stossen und an den Füssen und Händen ziehen, nicht aber mit den Händen oder Füssen schlagen.

Hahnenkampf

Auf einem Bein hüpfend soll die andere Person zu Fall gebracht werden.

Ort

Weiche Unterlage

2

Zwei Hähne stehen einander gegenüber. Auf einem Bein, die Arme verschränkt, hüpfen sie aufeinander zu und versuchen sich gegenseitig zu Fall zu bringen. Wer mit dem zweiten Bein den Boden berührt verliert.
Variante: Mit mehr als zwei Teilnehmenden können immer zwei gegen zwei oder alle gegen alle spielen. Eine andere Möglichkeit ist es, Gruppenausscheidungskämpfe durchzuführen.

Standpunkt

Wer bringt die mitspielende Person dazu, den Standpunkt zu wechseln?

2

Zwei Spielende stellen sich rund 50 cm voneinander entfernt auf und strecken die Arme aus. Die Handflächen werden angewinkelt und berühren die Handflächen der Partnerin oder des Partners. Jede Person versucht nun das Gegenüber durch geschicktes Drücken und Stossen auf die Handflächen aus dem Gleichgewicht zu bringen. Gewonnen ist eine Partie, sobald das Gegenüber einen Fuss verschieben und damit den Standpunkt verändern muss.

Tag und Nacht

Welche Gruppe reagiert schneller und kann sich in Sicherheit bringen?

Ort

Offenes Gelände

10

Zwei Gruppen sitzen einander im Abstand von zwei Metern gegenüber oder liegen auf dem Bauch. Die eine Gruppe ist der Tag, die andere die Nacht. Hinter jeder Gruppe befindet sich in einigem Abstand eine Sicherheitszone. Die Spielleitung erzählt nun eine Geschichte, in der häufig die Wörter Tag und Nacht vorkommen. Sagt die Spielleitung „Tag“, versucht die Gruppe „Tag“ hinter ihre Linie in Sicherheit zu gelangen. Die Gruppe „Nacht“ versucht die Fliehenden mit einer Berührung zu fangen. Genau das Gegenteil geschieht, wenn die Spielleitung „Nacht“ sagt. Wer sich in Sicherheit bringen kann, sammelt seiner Gruppe einen Pluspunkt.

Riesen, Elfen, Zauberer

Die Gruppen müssen rasch reagieren und sich retten oder das gegnerische Team fangen.

10

Die Riesen stehen auf den Zehen und halten die Arme so weit wie möglich in die Höhe, dazu brüllen sie „Riesen“. Die Elfen sind dagegen kleine Wesen, ziehen die Schultern ein und sagen nur ganz leise „Elfen“. Zu guter Letzt die Zauberer, die mit buckligem Rücken, dem magischen Blick und mit Handbewegungen das Gegenüber zu verzaubern suchen.

Die Mitspielenden werden in zwei Gruppen aufgeteilt. Beide Teams vereinbaren unter sich, eines der drei Wesen zu spielen und stellen sich dann je in einer Reihe etwa drei Meter voneinander auf. Hinter jeder Gruppe befindet sich in einem Abstand von rund zehn Metern eine Sicherheitslinie. Gemeinsam sagen beide Gruppen dreimal hinterei-

nander „Riesen, Elfen, Zauberer“ und zeigen die jeweilige Gestik und Mimik. Nach dem letzten Wort nehmen sie sofort die Haltung des gewählten Wesens ein. Diejenige Gruppe, welche der anderen unterlegen ist, muss sich nun so rasch wie möglich hinter die Sicherheitslinie retten, denn die andere Gruppe versucht so viele Personen wie möglich durch eine Berührung zu fangen. *Gewinnregeln:* Die Riesen können die Elfen leicht überwältigen, die Elfen vermögen mit Tricks die Zauberer zu überlisten und den Zauberern gelingt es die Riesen zu verzaubern.

Fischernetz

Welcher Fisch entgeht dem Netz am längsten?

8

Auf der einen Seite des Spielfeldes stehen einige Fischer und Fischerinnen, auf der anderen Seite die Fische. Die Fischerinnen und Fischer halten sich an den Händen und bilden so ein Netz. Beide Gruppen bewegen sich aufeinander zu. Die Fischenden versuchen, die Fische mit dem Netz einzukreisen. Diese können nur so lange entschlüpfen, als sich das Netz um sie herum noch nicht geschlossen hat. Sie dürfen nicht durch die Arme hindurch ausbrechen. Die Fische, die im Netz gefangen sind, werden zu Fischern und Fischerinnen. Das Netz öffnet sich wieder und fängt weitere Fische. Wenn alle gefangen sind, ist das Spiel zu Ende oder es beginnt von vorne.

Kaminfeger oder „Schwarza Ma"

Wer erreicht die gegenüberliegende Linie ohne vom Kaminfeger gefangen zu werden?

10

Ein Kaminfeger wird bestimmt und begibt sich auf eine Seite des Spielfeldes. Die anderen stellen sich im Abstand von rund 50 Metern zum Kaminfeger auf eine Linie. Dieser ruft: „Wer hat Angst vor dem Kaminfeger?" Die Mitspielenden rufen zurück: „Wir nicht!" Der Kaminfeger entgegnet: „Und wenn ich komme?" Darauf antworten die anderen: „Dann hauen wir ab!" Die Spielenden müssen nun versuchen, ohne sich vom Kaminfeger berühren zu lassen, auf die gegenüberliegende Seite des Spielfeldes zu gelangen. Wer berührt wird, wird ebenfalls zum Kaminfeger und hilft nun beim Fangen mit. Das Spiel wird wiederholt, bis alle gefangen sind. Wer zuletzt übrig bleibt, darf als „schwarza Ma" das neue Spiel beginnen.

Tintenfisch

Wie viele Durchgänge braucht es, bis alle von den Tintenfischen erwischt wurden?

15 Ein oder mehrere Tintenfische werden bestimmt, die analog dem „Kaminfeger“ (siehe Seite 21) die Aufgabe erhalten, beim Seitenwechsel möglichst viele Personen zu fangen. Wer gefangen wird, muss an Ort und Stelle stehen bleiben. Ab sofort helfen die Gefangen mit, andere Mitspielende zu berühren und so zu fangen, ohne aber den eigenen Standort zu verändern.

Mäuseoberhaupt

Wie viele Durchgänge braucht die Katze, um das Mäuseoberhaupt zu erwischen?

8

Auf der einen Seite des Spielfeldes stehen eine oder mehrere Katzen, je nach Anzahl der Spielenden. Auf der anderen Seite sind die Mäuse. Eine Maus wird geheim zum Oberhaupt erkoren. Die Katzen dürfen aber nicht erfahren, wer die Obermaus ist. Auf ein Startzeichen hin rennen die Mäuse an den Katzen vorbei auf die gegenüberliegende Seite. Innerhalb des Feldes darf die Katze Mäuse fangen. Alle gefangenen Mäuse scheiden aus. Erwischt die Katze das Mäuseoberhaupt, ist das Spiel zu Ende.

Berufe raten

Wie rasch werden die Berufe erraten und wer fängt am schnellsten?

12

Zwei Mitspielende sind Fängerinnen oder Fänger. Die anderen stellen Berufsleute dar. Diese vereinbaren im Geheimen einen gemeinsamen Beruf. Sie stellen sich rund zwei Meter vor den Fangenden auf. Nun zeigen sie pantomimisch ihren Beruf. Sobald die fangenden Personen den Beruf richtig gerufen haben, versuchen die Berufsleute sich hinter der gegenüberliegenden Spielfeldbegrenzung in Sicherheit zu bringen. Wer dabei berührt wird, ist sofort selbst Fänger oder Fängerin.

Fliegender Holländer

Das Paar, das zuerst wieder in der freien Lücke ist, hat gewonnen.

Ort

Nicht auf Asphalt

16

Die Spielenden bilden einen Kreis und fassen sich an den Händen. Ein Pärchen wird bestimmt (Paar 1). Dieses hält sich an den Händen und rennt um den Kreis. Plötzlich schlägt es auf ein Händepaar und los gehts. Das berührte Paar (Paar 2) rennt in entgegengesetzter Richtung mit dem Paar 1 um die Wette. Wer zuerst in der Lücke ankommt, hat gewonnen. Um ein Zusammenprallen auf der halben Strecke zu vermeiden, weichen sich die Paare beim Kreuzen immer nach rechts aus! Das Paar, das verliert, muss weiterrennen und das Spiel beginnt von vorne.

Der Fuchs geht um oder „Lümpelilege"

Wer bemerkt das Taschentuch hinter dem Rücken und rennt schneller?

Material

Taschentuch oder Stoffstück

8

Alle sitzen oder stehen im Kreis. Eine Person wird zum Fuchs bestimmt und erhält ein Taschentuch oder einen anderen geeigneten Gegenstand. Nun rennt diese Person um den Kreis und lässt hinter dem Rücken eines Mitspielenden möglichst unbemerkt das Taschentuch fallen. Sobald eine Person hinter sich das Taschentuch bemerkt, steht sie auf und rennt mit der anderen um die Wette. Beide müssen versuchen, die frei gewordene Lücke zuerst zu erreichen. Wer unterliegt nimmt das Taschentuch und versucht es bei jemand anderem. Falls das Taschentuch nicht bemerkt wird, und diese Person nach einer Runde vom Fuchs berührt wird, so muss sie in die Mitte und wird von den

anderen als „fula fula Eiertätsch“ (faules Ei) ausgelacht. Der „Eiertäsch“ kann erst dann wieder zu den anderen in den Kreis sitzen, wenn einer anderen Person das Gleiche geschieht.

Komm mit – Geh weg!

Wer läuft am schnellsten um den Kreis und wieder in die Lücke?

8

Alle stehen im Kreis. Jemand läuft um den Kreis, berührt plötzlich einen Mitspielenden am Rücken und ruft dazu: „Komm mit!“ oder „Geh weg!“. Bei „Komm mit“ folgt die berührte Person der anderen, versucht diese zu überholen und in die freigewordene Lücke zu gelangen. Bei „Geh weg“ rennt die Person in entgegengesetzter Richtung und versucht ebenfalls schneller in der Lücke zu sein. Wer übrig bleibt, läuft weiter und das Spiel beginnt von vorne.

Sternfangis

Eine Person fordert eine ganze Gruppe heraus, wer verliert fordert die nächste Gruppe heraus.

16

Dieses Spiel wird wie „Komm mit – Geh weg!" (siehe Seite 28), aber mit einer grösseren Gruppe, gespielt. Je nach Anzahl werden mindestens 5 Gruppen zu 3 bis 6 Personen gebildet. Diese setzen sich sternförmig hin oder stehen. Eine Person rennt rund um den Stern herum, berührt die hinterste Person einer Gruppe und ruft: „Komm mit!" oder „Geh weg!". Nun steht die ganze Gruppe auf und rennt um den Kreis. Es gilt einen Platz zu ergattern. Wer zuletzt ankommt, versucht sein Glück bei einer anderen Gruppe.

Fuchs und Hase

Wer fängt den Hasen?

12

Mit Ausnahme von zwei Mitspielenden, die Fuchs und Hase sind, stehen die Mitspielenden paarweise hintereinander im Kreis. Sie blicken alle zur Kreismitte und bilden so einen doppelten Kreis. Der Fuchs versucht den Hasen zu fangen. Der Hase kann sich aber mit einem Sprung retten, indem er sich hinter ein Personenpaar stellt. Sofort wird die vordere Person zum Hasen und muss flüchten. Wird der Hase vom Fuchs erwischt, dann werden die Rollen zwischen den beiden getauscht.

Variante: Jedesmal wenn sich der Hase hinter ein Paar stellt, werden die Rollen getauscht. Der Fuchs wird zum Hasen und umgekehrt.

Katze und Maus

Gelingt es der Katze, die Maus zu fangen?

10

Eine Katze und eine Maus werden bestimmt. Alle übrigen stehen im Kreis und halten sich an den Händen. Zu Beginn sitzt die Maus im Kreis und die Katze lauert ausserhalb. Die Katze muss nun versuchen, die Maus zu fangen. Doch die Spielenden im Kreis helfen der Maus. Sie rücken zusammen, um der Katze den Weg zu versperren. Die Maus aber lassen sie durch, indem sie die Hände hochheben. Gelingt es der Katze trotzdem, die Maus zu fangen, so wird die Katze zur Maus und eine neue Person zur Katze bestimmt.

Labyrinth

Gelingt es der Katze, die Maus in einem ständig ändernden Labyrinth zu fangen?

18

Eine Katze und eine Maus werden bestimmt. Die restlichen Spielenden stellen sich, wie auf der Zeichnung zu sehen ist, linienförmig auf und strecken die Arme aus, sodass sich die Fingerspitzen der vier nächsten Personen berühren können. Nachdem sich die Katze in der einen, die Maus auf der gegenüberliegenden Ecke aufgestellt haben, kann das Fangen beginnen. Die Katze hat aber keine leichte Aufgabe. Das Labyrinth verändert sich nämlich immer dann, wenn die Maus „Wechsel“ ruft. Dann drehen sich die Mitspielenden um 90 Grad und versperren damit die alten Gassen und öffnen neue für Katze wie Maus. Wenn die Maus das Labyrinth nicht geschickt genug dirigiert, öffnet sie der Katze den Weg und wird gefangen.

Bei grösseren Gruppen können auch zwei Katzen auf Mäusefang geschickt werden.
Variante: Das Spiel kann auch mit verbundenen Augen gespielt werden. Die Maus muss dann stets „Pieps“ machen und die Katze „Miau“. Dadurch können die beiden gegenseitig ihre Position orten.

Fangen

Wer wird nächster Fänger oder wann sind alle eingefangen?

Die folgenden Spiele sind verschiedene Varianten von Fangspielen.

5 Als Grundformen lassen sich drei Arten von Fangspielen unterscheiden:

A: Fangende und Gefangene tauschen die Rollen

B: Gefangene werden Fangende

C: Alle sind zu fangen.

A – Fangende und Gefangene tauschen die Rollen

Drachenschwanzfangis

Alle stehen in einer Reihe hintereinander und halten sich um den Bauch. Der Drachenkopf versucht nun den Drachenschwanz einzufangen. Wenn der Drachenkopf erfolgreich ist, oder nach Ablauf einer gewissen Zeit, wird der Kopf das hinterste Schwanzglied.

Dreieckfangis

Immer drei Personen halten sich an den Händen und bilden so einen Kreis. Eine vierte Person spielt die Fangende und steht etwas entfernt zum Kreis. Sie nennt die Person, die sie fangen möchte. Die drei versuchen nun durch Drehen und Wenden die Person zu schützen. Wird sie dennoch berührt, so werden die Rollen getauscht und das Spiel beginnt von vorne. Es können beliebig viele Gruppen gleichzeitig spielen.

Farbfangis

Wer fängt ruft eine Farbe. Alle jene die einen Gegenstand dieser Farbe berühren, dürfen nicht gefangen werden.

Hochfangis

Wer sich auf eine Erhöhung von mehr als 20 cm retten kann, darf nicht gefangen werden.

Rucksackfangis

Eine Person wird zum Fangen bestimmt. Die Verfolgten können sich retten, indem sie bei jemandem als Rucksack aufspringen. „Wanderer“ und „Rucksack“ sind so sicher. Der Fangende darf nicht neben einem Paar stehen bleiben und warten.

Schattenfangis

Die fangende Person versucht auf den Schatten eines Mitspielenden zu stehen. Gelingt dies, fängt dieser Mitspieler oder diese Mitspielende weiter.

Spital- oder Krankenfangis

Die Stelle wo man vom Fänger oder von der Fängerin berührt wird (Rücken, Bein, Ohr...) bedeckt man mit der Hand und rennt so weiter, bis man jemanden gefangen hat und damit wieder erlöst ist.

Wassergeist

Ein Wassergeist wird bestimmt und die übrigen Mitspielenden teilen sich in zwei Gruppen. Diese stellen sich in einem grossen Abstand zueinander auf. Dazwischen befindet sich der imaginäre Fluss, wo sich der Wassergeist aufhält. Dieser ruft den Namen einer Person aus einer der beiden Gruppen. Die aufgerufene Person ihrerseits wählt jemanden aus der anderen Gruppe aus und nennt sie laut beim Namen. Beide müssen nun ihre Plätze tauschen. Der Wassergeist zwischen den Gruppen versucht währenddessen eine Person zu fangen. Gelingt dieses Unterfangen, werden die Rollen getauscht, und das Spiel beginnt von vorne.

Straussenfangis

Wer den Kopf in den Schnee steckt, darf nicht gefangen werden. Die Fangenden dürfen aber nicht daneben warten, bis der Kopf wieder aus dem Schnee taucht.

Treppenfangis

Alle hüpfen mit beiden Beinen gleichzeitig auf einer Treppe auf und abwärts. Wer auf dem selben Tritt wie der Fangende steht ist gefangen.

Verkehrtfangis

Die Spielenden haken sich paarweise mit den Armen so ein, dass sie in entgegengesetzte Richtungen schauen. Ein Paar beginnt mit fangen. Achtung, das Spielfeld sollte ziemlich klein sein.

B – Gefangene werden Fangende

Lawinenfangis

Jede Person, die berührt wird, wird selber Fangende. Wer am Schluss übrig bleibt, beginnt in der nächsten Runde mit Fangen.

Kettenfangis

All diejenigen, die berührt werden, geben sich die Hand und müssen so als Kette die anderen fangen.

Zweier- oder Pärchenfangis

Wie beim Kettenfangis, geben sich die Gefangenen die Hand und müssen zusammen weitere Personen fangen. Jede Viererkette teilt sich aber in zwei Paare.

C – Alle sind zu Fangen

Chäfer-Fangis

Wer gefangen wird, legt sich auf den Rücken und strampelt mit Armen und Beinen. Zwei Mitspielende zusammen können einen Käfer erlösen, wenn sie ihm zu zweit auf die Füsse helfen.

Hundehüttenfangis

Wer gefangen wird, muss mit gespreizten Beinen stehen bleiben. Wenn ein noch freier Spielender zwischen den Beinen der gefangen Person durchkriecht, ist diese wieder erlöst.

Schweizer Bernhardiner

Einige werden als Fangende bestimmt. Sie fassen sich an den Händen und spielen eine oder mehrere Lawinen. Erfasst eine Lawine eine mitspielende Person, so muss diese stehen bleiben. Sie kann aber durch eine freie Person erlöst werden, indem diese hinter die gefangene Person steht, diese hochhebt (aus dem Schnee zieht) und dazu laut „Schweizer Bernhardiner“ ruft.

Statuenfangis

Wer gefangen wird, bleibt wie versteinert stehen und kann erst erlöst werden, wenn eine freie Spielerin oder ein Spieler die Statue nachahmt, stehen bleibt und dabei laut auf zehn zählt.

Virus-Fangis

Ein Virus versucht weisse Blutkörperchen durch eine Berührung anzustecken. Die angesteckten weissen Blutkörperchen bleiben stehen und halten beide Arme gestreckt über dem Kopf. Erlöst wird dieses Blutkörperchen, indem zwei gesunde Blutkörperchen das kranke in ihre Mitte nehmen und sich die Hände geben.

Zahnfangis

Je eine oder mehrere Mitspielende werden als Zahnteufel, Zahnärzte oder Bohrer bestimmt. Alle übrigen sind gesunde Zähne. Die Zahnteufel versuchen nun die gesunden Zähne zu erwischen. Wird ein gesunder Zahn von einem Zahnteufel durch eine Berührung erwischt, bleibt dieser stehen, hält die Hand an die Wange und jammert „Aua". Ein Zahnarzt und ein Bohrer können den Zahn wieder flicken, sofern sie sich die Hände geben und den beschädigten Zahn gemeinsam umschliessen. Erwischt ein Zahnteufel einen Zahnarzt, dann wird dieser auch zum beschädigten Zahn.

Pinocchio

Wem auf den Fuss getreten wird, scheidet aus!

Als Ausgangsstellung steht die Gruppe im Kreis und alle geben sich die Hände. Nun
4 wird gemeinsam „Pi - no -cchio“ gerufen, worauf alle mit einem Sprung soweit hinaus springen wie sie können. Eine Person beginnt und versucht mit einem Sprung einer Spielerin oder einem Spieler auf die Füsse zu springen oder treten. Die angegriffene Person darf ihren Fuss wegziehen. Wird sie getroffen, scheidet sie aus. Wird sie nicht getroffen, so darf sie jetzt springen und versuchen einer Person ihrer Wahl auf einen Fuss zu springen. Wer seinen Fuss bewegt, ohne dass der Fänger oder die Fängerin zum Sprung ansetzt (den Sprung also nur antäuschte), scheidet ebenfalls aus.

Jäger, Bär, Bienen

Welche Gruppe wird die Überhand gewinnen?

18 Die Spielleitung teilt die Teilnehmenden in drei gleich grosse Gruppen ein; in Jäger, Bären und Bienen. Die Jäger machen „päng, päng…“, die Bären brummen und die Bienen summen. Die Einteilung erfolgt mündlich oder durch Verteilen von Zetteln. Nun laufen alle wild durcheinander und geben dauernd ihren Laut von sich. Wenn zwei Personen aufeinandertreffen und sich anschauen gelten jeweils folgende Gewinnregeln: Ein Jäger besiegt einen Bären, ein Bär besiegt eine Biene, eine Biene besiegt einen Jäger. Wer unterliegt, wechselt zur siegreichen Figur – der Jäger wird also beispielsweise zur Biene und summt ab sofort. Das Spiel ist beendet, wenn es nur noch eine Gruppe gibt.

Holz berühren

Wer zuletzt den ausgerufenen Gegenstand berührt, verliert.

Ort
Im Wald oder im Haus

6

Die Spielenden bewegen sich kreuz und quer. Die Spielleitung ruft plötzlich: „Berührt Holz!“ oder „Berührt Eisen!“ oder „Berührt etwas Weisses!“ oder etwas anderes. Jeder und jede versucht möglichst schnell den Auftrag auszuführen. Der oder die Letzte scheidet aus oder verliert einen Punkt. Im Freien kann man mit diesem Spiel auch die Kenntnis von Bäumen und Pflanzen üben.
Variante: Es wird etwas aufgerufen, das nur einmal vorhanden ist. Hierbei gewinnt die erste Person, die es berührt, einen Punkt oder sie übernimmt die Spielleitung.

Zahlensalat

Wer findet keinen Platz mehr im Kreis?

8

Die Spielenden stehen im Kreis, eine Person steht in der Mitte. Nun wird im Kreis bis vier durchgezählt: „Eins, zwei, drei, vier – eins, zwei... usw.“. Jede und jeder merkt sich die eigene Zahl. Nun ruft die Person in der Mitte eine dieser Zahlen auf. Alle mit dieser Zahl müssen sofort ihren Platz wechseln. Die Spielerin oder der Spieler in der Mitte versucht sich währenddessen einen freigewordenen Platz zu ergattern. Wer keinen Platz mehr findet, bleibt in der Mitte stehen und ruft die nächste Zahl aus.

Variante: Fruchtsalat. An Stelle von Zahlen, erhält jede und jeder den Namen einer Frucht zugeteilt. Wie bei den Zahlen haben mindestens zwei Personen dieselbe Frucht. Der Spieler oder die Spielerin in der Mitte

ruft den Namen einer Frucht. Die Aufgerufenen müssen den Platz tauschen. Es dürfen aber auch mehrere Früchte gleichzeitig aufgerufen werden oder sogar „Fruchtsalat“, dann müssen alle ihre Plätze tauschen.

Ringender Kreis

Wer tritt auf den Gegenstand und wer bleibt am Schluss übrig?

Material

Taschentuch, Stoffstück oder Hut

6

Die Spielenden stehen im Kreis und fassen einander um die Schultern. In der Mitte liegt ein Gegenstand. Mit Ziehen und Stossen wird versucht, jemanden zu zwingen auf den Gegenstand zu treten. Wer darauf tritt, scheidet aus.

Telefonieren

Worte werden im Kreis weitergeflüstert.

6

Alle Spielenden sitzen im Kreis. Sie haben die Aufgabe, ein längeres Wort von Ohr zu Ohr zu flüstern. Man wird erstaunt sein, welche Abweichungen sich am Ende der Telefonleitung herausstellen. Rückfragen beim oder bei der Flüsternden sind nicht gestattet. Das Wort wird so weitergegeben, wie es verstanden wurde. Statt einzelne Worte können auch kleine Sätze auf die Reise geschickt werden.

Telegramm

Mit Händedruck muss eine Nachricht weitergegeben werden.

8

Die Mitspielenden stehen im Kreis und reichen sich die Hände. Eine Person steht in der Mitte. Jemand beginnt: „Ich schicke ein Telegramm an Monika." Mit einem Händedruck an den Nachbarn oder die Nachbarin, wird das Telegramm symbolisch weitergegeben. Nun geht der Händedruck von Person zu Person und diejenige in der Mitte muss erraten, wo das Telegramm sich gerade befindet. Rät sie richtig, so muss jene Person, welche beim Händedrücken erwischt wurde, in die Mitte. Rät sie falsch, geht das Spiel weiter. Ist der Händedruck angekommen, so sagt Monika: „Danke für das Telegramm!" Sie schickt nun ihrerseits ein Telegramm auf die Reise.

Variante: Bei grösseren Gruppen werden ein oder mehrere Sendemasten eingebaut, welche piepsen müssen, wenn die Nachricht bei ihnen durch ist. Es kann zusätzlich erlaubt sein, dass die Sendemasten die Richtung wechseln dürfen.

Ring durchziehen

Wo ist der Ring, der von Hand zu Hand weitergegeben wird?

Material

Fingerring und Schnur

8

Die Mitspielenden stellen sich im Kreis auf. Jemand steht in der Kreismitte. Durch einen kleinen Ring wird eine Schnur gezogen, die durch alle Hände läuft. Nun wird der Ring von Hand zu Hand geschoben, so dass möglichst nichts zu sehen ist. Jede Person darf aber vortäuschen den Ring weiterzuschieben. Der- oder diejenige in der Mitte muss herausfinden, wo sich der Ring gerade befindet. Findet er oder sie es heraus, so werden die Rollen getauscht.

Heimlich dirigieren

Wer findet heraus, wer das Orchester dirigiert?

6

Die Spielenden sitzen im Kreis. Eine Person verlässt kurz den Raum. Die anderen wählen aus ihrer Mitte einen Dirigenten oder eine Dirigentin. Die Person wird zurückgerufen. Ein bekanntes Lied wird angestimmt und alle beginnen pantomimisch ein vorher bestimmtes Instrument zu spielen. Die Dirigentin wechselt hin und wieder das Instrument, worauf die anderen möglichst rasch auch auf das neue Instrument wechseln. Die beobachtende Person muss die Dirigentin oder den Dirigenten herausfinden, worauf eine neue Runde gestartet wird.

Blinzeln

Wer schafft es, einen anderen Spieler oder eine andere Spielerin mit Blinzeln zu sich zu rufen?

11 Alle stehen in einem Doppelkreis und zwar immer so, dass zwei hintereinander stehen. Die hintenstehende Person hält die Hände auf dem Rücken. Eine oder mehrere Personen im Kreis stehen alleine. Diese versuchen nun einen Spieler oder eine Spielerin aus der vorderen Reihe mit Blinzeln zu sich zu locken. Wenn jemand angeblinzelt wird, soll er oder sie rasch zur blinzelnden Person rennen und sich hinter sie stellen. Doch der Partnerwechsel ist nicht so einfach, denn die Person, die hinten steht, versucht die angeblinzelte festzuhalten. Wird die vordere Person mit den Händen berührt, muss sie am Platz bleiben.

Wenn Blicke töten oder „Mörderlis“

Wie lange kann der Mörder sein Unwesen treiben?

8

Alle sitzen im Kreis und schliessen die Augen. Die Spielleitung geht im Kreis umher und macht allen symbolisch mit dem Finger einen Strich auf den Rücken. Einer Person (bei grösseren Gruppen mehreren) wird kurz die ganze Hand auf den Rücken gelegt. Damit ist sie zur Mörderin auserkoren. Nun öffnen alle die Augen und gehen frei umher. Der Mörder treibt mit seinem Blinzeln sein Unwesen. Ist jemand von einem Blinzeln „getroffen“, macht sich die Person mit einem Schrei bemerkbar und fällt um. Wer einen Verdacht hat, aber nicht gleichzeitig umgebracht wird oder bereits tot ist, kann diesen Verdacht laut verkünden. Stimmt es, ist das Spiel beendet, ansonsten ist die Person, die den Verdacht äusserte, auch tot.

Verbotene Zahl

Wer die Zahl „Drei“ oder ein Vielfaches von drei sagt, scheidet aus oder gibt ein Pfand ab.

4

Alle sitzen im Kreis. Der Reihe nach wird abgezählt. Anstelle der Zahlen mit einer Drei (3, 13, 23, 30, 31, 32, ...) oder jener, die durch drei teilbar sind (6, 9, 12, 15, ...), sagt die betreffende Person „Bumm“ (eins, zwei, Bumm, vier, fünf, Bumm,...). Ist die Zahlenreihe bei Hundert angekommen (oder je nach Alter der Kinder schon früher), wird von vorne begonnen oder rückwärts gezählt. Wer einen Fehler begeht oder zu lange überlegt, scheidet aus oder gibt ein Pfand.

Variante: Jede andere Zahl kann für dieses Spiel verwendet werden.

Brrrrr Tägg

Wer mit „brrrrr tägg“ aufgerufen wird, muss mit den Nachbarn zusammen das Spiel fortsetzen.

6

Alle sitzen im Kreis. Wer aufgerufen wird legt beide Daumen an die zwei Schläfen, bewegt die übrigen Finger winkend auf und ab und macht dazu immer „brrrrrrr“. Zusätzlich muss der links sitzende Nachbar mit der rechten, beziehungsweise die rechts sitzende Nachbarin mit der linken Hand (also nicht mit beiden Händen) ebenfalls diese Bewegung machen und „brrrrrr“ sagen. Sobald die mittlere Person „tägg“ sagt hören die Nachbarn mit dem Zeichen auf und die Person zeigt auf eine andere Spielerin oder einen anderen Spieler. Diese Person und deren Nachbarn müssen wie oben beschrieben weiterfahren. Wer die Bewegung nicht oder falsch ausführt, scheidet aus.

Ching-Chang oder Peter ruft Paul

Wer kann die eigene Zahl sowie diejenigen der anderen merken und die Zahlen im Takt rufen?

6

Die Mitspielenden sitzen im Kreis. Der Reihe nach wird abgezählt: Der Erste ist Ching, die Zweite Chang, der Dritte die 1, die Vierte die 2... usw. Alle im Kreis üben zuerst folgenden 4er-Takt:

1. Schlag mit beiden Händen gleichzeitig auf die Oberschenkel klatschen
2. Schlag in die Hände klatschen
3. Schlag schnippen, mit den Fingern der linken Hand
4. Schlag schnippen, mit den Fingern der rechten Hand

Die vier Takte werden nun im Rhythmus wiederholt, bis es alle beherrschen. Das eigentliche Spiel verläuft nun so: Alle klatschen und schnippen. Nach zwei oder drei Durchgängen setzt Ching beim dritten Schlag ein:

3. Schlag gleichzeitig zum Schnippen links ruft er seinen Namen, also „Ching“
4. Schlag gleichzeitig zum Schnippen rechts ruft er jemanden, zum Beispiel „Vier“

Nun ist die im 4. Schlag aufgerufene Person (hier also „Vier“) an der Reihe. Sofort im nächsten Takt nach den zwei Klatsch-Schlägen ruft nun Nummer „Vier“:

3. Schlag schnippen links: „Vier“ (eigener Name)
4. Schlag schnippen rechts: „Drei“ (Name der neu aufgerufenen Person, also Ching, Chang oder eine der vorhandenen Nummern inklusive sich selbst)

Aufgerufene, die aus dem Rhythmus fallen oder nicht vorhandene Nummern rufen, müssen sich in der Zahlenreihe zuhinterst anschliessen. Die entstandene Lücke wird aufgefüllt, in dem alle bis zur Lücke einen Platz vorrücken. Macht Ching bei 8 Mitspielenden einen Fehler, wird er die hinterste Nummer, also 6, die 6 wird 5, die 5 wird 4 usw. und aus 1 wird Chang, aus Chang wird Ching. Macht Nummer 4 einen Fehler, wird 4 zu 6, 6 zu 5 und 5 zur neuen Nummer 4. Die vorderen Plätze bleiben in diesem Fall unverändert.
Das Tempo kann und soll beliebig variiert werden.

Adler, Murmeltier, Steinbock

Wer vergisst den Flügel, das Geweih oder das Pfeifen zu imitieren?

6

Alle bilden einen Kreis. Eine Person in der Mitte beginnt, zeigt auf jemanden im Kreis und sagt dazu „Adler", „Murmeltier" oder „Steinbock". Die angesprochene Person muss zusammen mit ihren beiden Nachbarn oder Nachbarinnen das verlangte Tier spielen.

Adler: Die links sitzende oder stehende Person spielt den linken Flügel, die rechts sitzende Person den rechten Flügel und die Person in der Mitte stellt mit gestreckten Armen den Schnabel dar.

Murmeltier: Die links sitzende oder stehende Person pfeift, die rechts sitzende Person schaut zu und die Person in der Mitte spielt das Murmeltier und setzt sich auf die beiden Hinterpfoten.

Steinbock: Die links sitzende oder stehende Person spielt das linke Geweih, die rechts sitzende Person das rechte Geweih und die Person in der Mitte scharrt mit dem Fuss.
Das Spiel wird zügig gespielt. Wer reinfällt tauscht den Platz mit der Person in der Mitte des Kreises.

Varianten: Die drei Tiere können beliebig durch andere Tiere, Gegenstände oder Personen ausgetauscht werden.

Hände klopfen

Klopfzeichen mit der Hand werden im Kreis weitergegeben.

Ort

Um einen Tisch

4

Alle sitzen um einen Tisch und legen die Hände flach auf die Tischfläche. Nun legen alle ihren linken Arm unter den rechten Arm der Nachbarin oder des Nachbarn. Eine Person bestimmt die Spielrichtung, zum Beispiel „rechts herum“. Sie klopft einmal mit einer der Handflächen auf den Tisch. Die Hand, die sich rechts befindet, muss das Zeichen abnehmen und auch klopfen, usw. Die Richtung wechselt, wenn jemand mit der Hand zweimal kurz hintereinander schlägt. Wer zu spät oder falsch klopft, scheidet mit der betreffenden Hand aus und fährt nur mit der anderen weiter. Die beiden letzten Hände gewinnen.

Variante: Dieses Spiel kann auch mit den Füssen gespielt werden.

Rasende Paula

Wer würfelt am schnellsten eine Sechs?

Ort

Um einen Tisch

Material

2 Würfel

8

Alle sitzen um einen Tisch. Zwei Personen, die sich gegenüber sitzen, beginnen mit würfeln, bis eine Sechs fällt, dann geht der Würfel an den linken Nachbarn weiter, der nun ebenfalls eine Sechs würfeln muss. Wer zwei Würfel vor sich hat, erhält einen Strich auf die Nase oder auf eine Strichliste. Eine grössere Gruppe kann auch mit drei oder mehr Würfeln starten, sodass jede vierte Person am Würfeln ist.

Schweinchen treiben

Wer das letzte Streichholz ablegt, verliert.

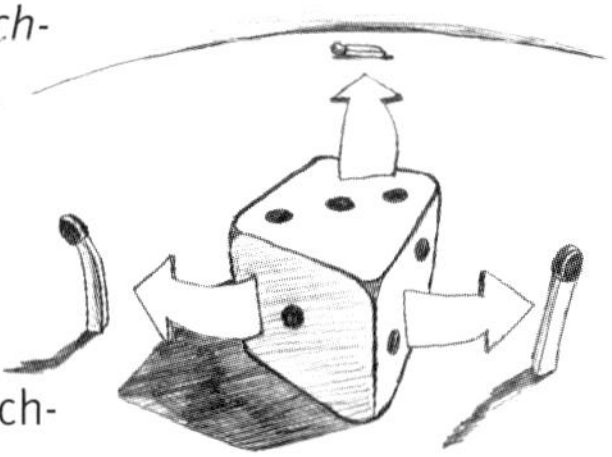

Ort

Um einen Tisch

Material

1 Würfel und 1 Schachtel Streichhölzer

4

Alle sitzen um einen Tisch. Jede Person erhält drei Streichhölzer. Es zählen nur die Augenzahlen eins, zwei und drei, die übrigen sind Leerwürfe. Eins bedeutet, dass der Spieler oder die Spielerin ein Streichholz an den linken Nachbarn abgeben darf. Die Zwei bedeutet, dass ein Streichholz an die rechte Nachbarin abgeben werden darf. Bei drei wird ein Streichholz in die Mitte und damit aus dem Spiel gelegt. Wer keine Hölzer mehr hat, bleibt dennoch im Spiel, wird aber beim Würfeln ausgelassen, bis er von seinen Mitspielenden wieder Streichhölzer erhält. Wer das letzte Streichholz mit einer geworfenen Drei in die Mitte legen muss, hat das Spiel verloren.

Münzenversteckspiel

In welcher Hand liegt die Münze?

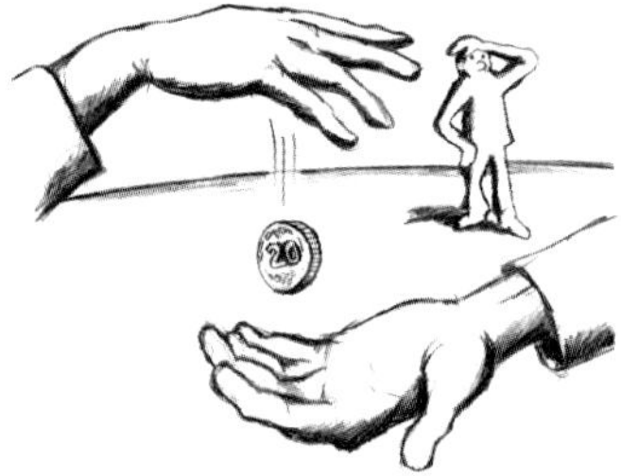

Material

Kleine Münze

8

Die Gruppe steht oder sitzt im Kreis. Eine Person stellt sich in die Mitte. Die Spielenden reichen sich im Kreis unauffällig eine Münze von Hand zu Hand. Die Person in der Mitte versucht herauszufinden, wo sich die Münze befindet. Alle anderen versuchen mit Täuschungsmanövern den Beobachter oder die Beobachterin abzulenken. Wenn die Münze in der richtigen Hand erraten wird, muss diejenige Person in die Mitte, in deren Hand sich das Geldstück befindet.

Platzwechsel

Die Gruppe versucht möglichst rasch den Platz zu wechseln.

Die Spielleitung stellt sich in die Mitte eines
Vierecks. Auf jeder der vier Seiten stellen
17 sich mindestens vier Personen auf. Alle auf
der gleichen Linie bilden zusammen eine
Gruppe. Jede Person prägt sich ein, wer links
und rechts steht. Nun kann das Spiel beginnen. Die Spielleitung stellt sich so hin, dass sie einer Gruppe direkt gegenübersteht, diese also anschaut. Eine andere Gruppe befindet sich also links, eine rechts und eine hinter der Spielleitung. Diesen Standort gilt es einzuprägen. Die Spielleitung dreht sich und bleibt in einer neuen Position stehen. Jede Gruppe muss sich nun wieder in gleicher Position zur Spielleitung aufstellen wie vor der Drehung (im Rücken, links, vorne

oder rechts) und zwar mit den richtigen Nachbarinnen und Nachbarn zur Seite. Hat eine Gruppe dies geschafft, geben sich alle die Hände, strecken diese in die Höhe und rufen: „Alle an Ort und Stelle!“

Versteckspiel

Wer unentdeckt bleibt, bis er oder sie sich selber anschlagen kann, hat gewonnen.

Ort

Mit Versteckmöglichkeiten

4

Eine Person wird bestimmt. Sie stellt sich an einen Baum oder eine Mauer und zählt bis hundert. In der Zwischenzeit verstecken sich die anderen. Ist das Zählen vorbei, beginnt die Person mit suchen. Jede gesichtete Spielerin und jeder entdeckte Spieler, muss „angeschlagen“ werden, das heisst die suchende Person rennt zurück zum Baum oder zum Ort, wo sie gezählt hat, schlägt mit der Hand an und ruft dabei den Namen der entdeckten Person. Diese Person muss hervorkommen und scheidet aus. Gelingt es einer Person sich selber anzuschlagen, so ist sie gerettet und muss beim nächsten Mal bestimmt nicht suchen. Wer zuerst angeschlagen wird, muss beim nächsten Mal su-

chen. Am Schluss kann aber auch eine gewürfelte Augenzahl entscheiden, dass die als ... gefundene Person nun suchen muss.

Varianten: Eine weitere Spielart ist, dass alle Gefundenen erlöst sind und sich wieder verstecken können, wenn sich jemand selbst anschlagen kann. Dieses Spiel wird häufig auch als „Büchsen kicken" bezeichnet. Die Person, die sich selber anschlagen kann, kickt eine Büchse weg, welche aufgestellt werden muss, bevor das Suchen von Neuem aufgenommen werden kann. Ein Turm aus Spielkarten, Bierdeckeln oder Zündhölzern anstelle der Büchse erschwert die Aufgabe der suchenden Person.

Auch das folgende Spielelement dient der Variation der Versteckzeit: Die suchende dreht einer mitspielenden Person den Rücken zu. Zum Spruch „Welcher Finger hat dich zuletzt getupft" trommelt diese mit den Fingern leicht auf den Rücken und tippt zum Schluss mit einem bestimmten Finger auf den Rücken der suchenden Person. Diese muss nun den Finger erraten. Mit jedem falschen Raten erhöht sich das Zählen um zehn. Wenn also der dritte Tipp (beispielsweise „Ringfinger, linke Hand") richtig ist, dann zählt die suchende Person nur noch bis dreissig.

Planspiel

Welche Gruppe wischt den Plan zuerst aus?

Ort

Mit Versteckmöglichkeiten

4

Es werden zwei Gruppen gebildet. Eine Gruppe muss rund 20 Meter vom Standort entfernt warten. Die andere Gruppe wählt gemeinsam ein Versteck und zeichnet den Weg dorthin auf die Erde, in den Sand oder mit einem Stift auf ein Stück Papier. Nun gibt die Gruppe das Startzeichen und versteckt sich am vereinbarten Ort. Die andere Gruppe zählt nach dem Zeichen laut bis hundert, bevor sie zurück zum Standort laufen und den Plan studieren darf. Dann geht es auf die Suche. Wenn die Gruppe gefunden wird, müssen beide Gruppe so schnell wie möglich zum Plan zurücklaufen. Der letzte Ankömmling jeder Gruppe darf den Plan auswischen oder zerreissen. Wem es gelingt, dessen Gruppe hat gewonnen.

Ochs am Berg

Wer versteckt sich unentdeckt am nächsten?

Ort
Mit Versteckmöglichkeiten

Der Ochs hält sich die Augen zu und zählt laut bis hundert. Die anderen versuchen,
4 sich möglichst nahe beim Ochsen gut zu verstecken. Während zwei Minuten versucht der Ochs, möglichst viele zu finden. Er darf dabei einen Kreis, den er mit einem Durchmesser von etwa einem Meter um sich gezogen hat, nicht überschreiten. Gewonnen hat, wer unentdeckt am nächsten beim Ochsen war. Die Siegerin oder der Sieger darf sich einen neuen Meterkreis ziehen und das Spiel beginnt von vorne.

Zwergensuche

Welche Gruppe sammelt die Zwerge schneller ein?

Ort
Im Wald

8

Die Hälfte der Spielenden bleibt in der Mitte zurück, währenddem sich die anderen in einem Umkreis von 50 Metern verstecken. Sie stellen die Zwerge dar, die sich nicht mehr bewegen können, weil sie verzaubert wurden. Auf ein Zeichen hin versuchen die zurückgebliebenen die Zwerge einzusammeln. Die gefundenen Zwerge müssen zurück zum Ausgangsplatz getragen werden. Sobald alle Zwerge der Grösse nach geordnet auf dem Platz stehen, ist der Zauberbann gebrochen und die Zeit wird gestoppt. Danach werden die Rollen vertauscht.

Anschleichen

Wem gelingt es sich geräuschlos an eine Person heranzuschleichen?

Ort

Im Wald

4

Eine Person sitzt mit geschlossenen oder verbundenen Augen in der Mitte eines Kreises auf dem Boden. Alle übrigen Mitspielenden versuchen sich nun dieser Person unbemerkt zu nähern. Hört die blinde Person in der Mitte ein Geräusch, zeigt sie mit dem Arm in die betreffende Richtung und ruft „Stopp". Die ertappte Person muss zurück zum Ausgangspunkt. Wer zuerst beim Kreis angelangt ist, übernimmt die Rolle der blinden Person und das Spiel beginnt von neuem.

Zeitungslesen

Wer kann die zeitungslesende Person zuerst berühren?

Ort

Mit einer Mauer oder einem Baum

4

Eine Person wird als Zeitungsleserin oder -leser bestimmt und begibt sich zu einem Baum oder einer Mauer. Die anderen stellen sich im Abstand von zirka fünfzehn Metern auf. Die gewählte Person dreht sich zum Baum und tut so, als ob sie lesen würde. Nun versuchen die anderen sich ihr vorsichtig zu nähern. Die Leserin oder der Leser kann aber plötzlich die Lektüre unterbrechen und sich wenden. Wenn sie oder er dabei jemand in Bewegung sieht, muss die betreffende Person wieder zur Ausgangsposition zurück. Wem es gelingt, den Zeitungsleser oder die -leserin zu berühren, darf die Rolle übernehmen und das Spiel beginnt von vorne.

Wer bemerkt die Veränderung?

Die kleine Veränderung an einer Person muss herausgefunden werden.

2

Jemand aus der Gruppe stellt sich den Mitspielenden gegenüber. Für ein paar Minuten dürfen sie ihn oder sie genau ansehen. Dann drehen sich alle Mitspielenden weg, damit sie nicht sehen, wie der Spieler oder die Spielerin eine klar sichtbare Kleinigkeit am Erscheinungsbild ändert (zum Beispiel das Hemd öffnen, die Schnürsenkel lösen, die Armbanduhr ablegen...). Die anderen drehen sich nun wieder um. Wer die Veränderung zuerst bemerkt, darf die Rolle tauschen und etwas an seinem oder ihrem Äussern verändern.

Kleider vertauschen

Wer entdeckt am schnellsten die Veränderungen?

4

Jemand verlässt kurz den Raum. In der Zwischenzeit vertauschen die anderen ihre Kleidungsstücke. Insgesamt werden beispielsweise zehn Gegenstände gewechselt. Die wieder herbeigerufene Person muss die Veränderungen möglichst schnell herausfinden. Gewonnen hat diejenige Person, die am wenigsten Zeit benötigte.

Variante: Um die Spielgeschwindigkeit zu erhöhen, müssen nur die Hälfte der Veränderungen entdeckt werden oder mehrere Personen machen sich gemeinsam auf die Suche.

Eine andere Möglichkeit ist das Verändern von Gegenständen im Zimmer.

Wessen Hand ist das?

Welche Hand zu welcher Person gehört, gilt es herauszufinden.

Material
Augenbinde

6

Die Spielenden sitzen im Kreis. Einer Person werden die Augen verbunden, dann wird sie dreimal um sich selbst gedreht. Nun beginnt das Raten der Reihe nach. Alle strecken die Hand hin, und die Person mit verbundenen Augen soll erraten, welche Hand sie gerade berührt.

Variante: Dieses Spiel kann auch auf andere Körperteile ausgeweitet werden (z.B. Nase, Bein).

Schiff steuern

Eine Person dirigiert stumm ihr „Personenschiff“.

5

Die Gruppe wird in Untergruppen von je fünf Personen aufgeteilt. Jede Gruppe stellt ein Schiff dar. Alle stellen sich hintereinander auf und legen die Hände auf die Schultern der vorderen Person. Die hinterste Person ist der Kapitän des Schiffes. Alle, ausser dem Kapitän, schliessen die Augen. Der Kapitän dirigiert nun sein Schiff einzig mit leichtem Schulterdruck. Diese Signale müssen sofort bis zur vordersten Person durchgegeben werden. Diese bewegt sich nun gemäss den Befehlen des Kapitäns. Folgende Signale gelten:

- Druck mit beiden Händen: „Volle Fahrt voraus“

- Zweimal hintereinander kurzer Druck mit beiden Händen: „Stopp“
- Druck auf die linke Schulter: „Steuerbord“ (Rechtskurve)
- Druck auf die rechte Schulter: „Backbord“ (Linkskurve)

Der Kapitän sollte regelmässig die Richtung wechseln. Falls ein Zusammenstoss oder Gefahr droht, hat der Kapitän die Möglichkeit laut „Stopp“ zu rufen, worauf sofort alle anhalten. Ansonsten wird ohne Worte, nur mit dem Druck auf die Schultern kommuniziert.

Variante: Die Gruppen müssen einen Hindernisparcours durchlaufen, mit oder ohne Zeitmessung.

Roboter

Wer lenkt seine Roboter am geschicktesten?

6

Immer drei Personen bilden zusammen ein Roboterteam. Eine Person lenkt, die beiden anderen sind „Partnerroboter". Die beiden Roboter stellen sich Rücken an Rücken auf. Auf ein Startzeichen hin trennen sich alle Partnerroboter und gehen in entgegengesetzter Richtung los. Sie können nicht mehr anhalten, ausser sie treffen frontal auf ihren „Partnerroboter". Die Richtung dürfen sie nur wechseln, wenn die lenkenden Personen (die dritte im Team, die sich frei bewegen darf) ihre Schulter berührt: linke Schulter 90 Grad nach links, rechte Schulter 90 Grad nach rechts. Stossen zwei Roboter aufeinander, die nicht Partnerroboter sind, so drehen sich beide sofort um 180 Grad und gehen weiter. Welche Lenkerin oder welcher Lenker

schafft es zuerst, dass die Partnerroboter frontal zusammenstossen und daher stehen bleiben?
Das Spiel wird schwieriger und aktiver, wenn alle lenkenden Personen alle Roboter steuern dürfen.

Personen raten

Wer imitiert den gewünschten Tierlaut?

Material
Augenbinde

5

Jemandem werden die Augen verbunden. Die anderen sitzen im Kreis. Der Blinde oder die Blinde tastet sich von einer Person zur anderen und bestimmt jeweils, welchen Tierlaut die angesprochene Person nachahmen muss. Daraufhin muss die oder der Blinde erraten, welche der anwesenden Personen den Tierlaut imitierte. Wurde richtig geraten, tauschen die Spielenden die Rollen, ansonsten versucht die Person mit der Augenbinde ihr Glück nochmals bei einer anderen Person.

Psychiater

Eine merkwürdige Krankheit hat die Gruppe befallen.

5

Eine Person wird als Psychiater oder Psychiaterin bestimmt und muss die Gruppe kurz verlassen. Den restlichen Spielenden wird erklärt, dass sie alle an einer seltsamen Krankheit leiden: Immer dann, wenn an eine Person eine Frage gestellt wird, antwortet diese so wie der oder die Patientin links es tun würde. Dies hat die wieder zurückgekehrte Person herauszufinden. Falls die Patienten und Patientinnen die Antwort auf eine Frage nicht kennen, sagen sie, sie hätten es vergessen. Namen dürfen keine genannt werden.

Variante: Weitere Krankheiten können erfunden werden: Die Spielenden antworten immer auf die vorletzte Frage ...

Metamorphose

Die gesuchte Person versteckt sich hinter Bildern.

Hinweis
Nur für ältere Kinder geeignet.

4

Ein Spieler oder eine Spielerin denkt an eine Person aus der Gruppe oder jemanden, den alle gut kennen. Die anderen müssen durch geschicktes Fragen herausfinden, um wen es sich handelt. Doch aufgepasst, die Antworten beziehen sich nur indirekt auf die gesuchte Person. Es müssen nämlich gedankliche Verknüpfungen zu dieser sein. Metamorphose meint hier die Verwandlung von Menschen in Tiere, Pflanzen, Steine und anderes. So könnte jemand fragen: Welches ist das Lieblingstier der gesuchten Person? Die Antwort könnte lauten: Es ist ein Elefant. Der Elefant ist aber nicht wirklich das Lieblingstier, sondern bezieht sich auf die Charakterzüge dieser Person. Eben das, was man mit einem Elefanten in Verbindung

setzt (gross, schwer, wenig beweglich...). Eine andere Frage könnte sich auf die Leibspeise beziehen. Die Antwort könnte lauten: Baumnüsse. Baumnüsse darum, weil die Person eine harte Schale aber einen weichen Kern hat.
Variante: Zwei Personen denken sich gemeinsam ein Wort aus, das zwei oder mehrere Bedeutungen hat. Beispiele: Bank für Sitzbank oder Geldbank; Birne für die Frucht oder die Glühbirne; Maus für das Tier und die Computermaus; Boxen für die Musikboxen und die Sportart; Noten für Banknoten und Musiknoten; Blatt für Papierblatt und Baumblatt; Melone für die Frucht und den Hut. Nun stellt die Gruppe Fragen. Die eine Person antwortet, indem sie an die eine Bedeutung, zum Beispiel an die Glühbirne, denkt, die andere Person antwortet im Sinne der anderen Bedeutung, zum Beispiel der Birne als Frucht.

Was ist das?

Verschiedene Gegenstände werden herumgereicht, bis das Durcheinander perfekt ist.

Material

Diverse kleine Gegenstände

6

Alle sitzen im Kreis. Die Spielleitung beginnt, indem sie einen Gegenstand an den linken Nachbarn (Spielerin 1) weiterreicht mit den Worten: „Das ist ein Streichholz!" Spielerin 1 behält den Gegenstand und fragt zurück: „Was ist das?" Die Spielleitung antwortet: „Das ist ein Streichholz!" Nun gibt die Spielerin 1 den Gegenstand an ihren linken Nachbarn (Spieler 2) weiter und sagt wieder: „Das ist ein Streichholz!" Der Spieler 2 fragt: „Was ist das?" Die Spielerin 1 wendet sich ihrerseits an die Spielleitung und fragt auch: „Was ist das?" Die Spielleitung gibt die Antwort: „Das ist ein Streichholz!", was auch die Spielerin 1 dem Spieler 2 antwortet. Das Weiterreichen, die Fragerei

und Antworterei wird auf diese Art weiter fortgesetzt. Die Spielleitung bringt nach und nach – in der gleichen oder der entgegengesetzten Richtung – weitere Gegenstände ins Spiel, mit derselben Frage-Antwort-Kombination, bis das Frage/Antwort-Durcheinander perfekt ist.

Ich sehe etwas

Wer entdeckt, was ich sehe?

4 Eine Person aus der Gruppe merkt sich einen Gegenstand, den auch die anderen sehen können. Sie beginnt das Spiel mit den Worten: „Ich sehe etwas, das Du nicht siehst!“ Nun beginnen alle Fragen zu stellen, auf die es nur ein Ja oder ein Nein als Antwort gibt: „Ist der Gegenstand aus Holz?“ „Ist er klein?“ usw. Wer den Gegenstand zuerst errät, kann die nächste Runde starten.

Rose, Tulpe, Nelke

Blumen müssen vor dem Verwelken gerettet werden.

7

Die Spielleitung flüstert jedem Mitspielenden einen der drei Blumennamen (Rose, Tulpe, Nelke) zu. Nun gehen alle Blumen im Raum oder auf dem Platz „ziellos“ umher. Sobald die Spielleitung den Namen einer der Blumen sagt, beginnen diese langsam zu welken. Die anderen müssen daraufhin möglichst rasch versuchen, die welkenden Blumen zu retten. Dazu greifen immer zwei Personen unter die Achseln einer welkenden Blume und richten diese wieder auf. Wenn alle Blumen gerettet wurden, wird die nächste Blume aufgerufen – oder noch einmal die gleiche – oder zum Schluss alle drei.

Fliessband

Eine Person wird über das Fliessband aus Menschen transportiert.

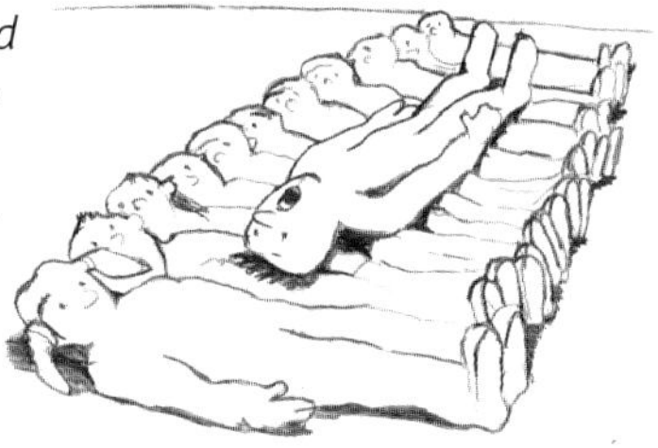

10 Alle legen sich so eng wie möglich nebeneinander auf den Boden und zwar mit dem Kopf auf die gleiche Seite. Die erste Person legt sich nun vorsichtig quer auf das Fliessband, worauf sich alle gleichmässig zu drehen beginnen. Die Person wird so an das andere Ende transportiert. Am Schluss angelangt, legt sich die Person hinten an das Fliessband, worauf sich die nun vorderste Person quer auf das Band legen darf.

Verdauungstrakt

Eine Person wird durch einen Verdauungstrakt transportiert.

Ort

Weiche Unterlage

19

Vor Spielbeginn sollten alle ihre Uhren und Ringe ablegen. Immer zwei stehen sich gegenüber und geben sich gekreuzt die Hände. Nun stellen sich alle Paare eng aneinander. Eine freiwillige Person legt sich auf die verschränkten Arme dieses „Verdauungstrakts“. Alle beginnen gleichmässig die Person sanft nach oben und vorne zu werfen. So wird sie vorwärts bewegt. Alle müssen sich gut an den Händen halten und die Person rhythmisch vorwärts bewegen. Am Ende wird die Verdauungsaktivität gestoppt und die Person abgesetzt, bevor sie auf den Boden fällt.

Tausendfüssler

Die Gruppe verwandelt sich in einen Tausendfüssler.

Ort

Weiche Unterlage

Die ganze Gruppe setzt sich ganz eng hintereinander auf den Boden; die hintere Person
10 immer zwischen die Beine der vorderen. Auf ein Zeichen hin kippen alle so zur Seite, dass sie alle in der alten Reihenfolge, aber auf Händen (und Füssen) auf dem Boden stehen. Damit es rasch gelingt, schwingen alle einige Male nach links und rechts, bis alle im gleichen Rhythmus sind. Sobald die ganze Gruppe soweit ist, zählt die Spielleitung auf drei und die ganze Raupe kippt zur Seite. Jetzt kann der Tausendfüssler mit seinen „tausend“ Füssen losziehen.

Aufstehen

Die Gruppe versucht gemeinsam aufzustehen.

2

Alle stehen in einem sehr engen, gleichmässigen Kreis und schauen nach aussen. Nun haken sich alle mit den Armen unter und setzen sich gemeinsam auf den Boden. Das Aufstehen ist schon schwieriger. Ohne die Arme auszuhaken versuchen alle gemeinsam vom Boden aufzustehen, indem sie sich gegeneinander stemmen.

Kreissitzen

Sitzen im Kreis ohne Stühle.

Ort

Am besten eine weiche Unterlage

8 Alle bilden einen engen gleichmässigen Kreis. Nun drehen sich alle um 90 Grad nach rechts ab, so dass alle in die gleiche Kreisrichtung blicken. Alle gehen noch ein oder zwei seitliche Schritte Richtung Kreismitte. Wenn alle ganz nahe beieinander stehen, versucht jede und jeder auf die Knie der hinteren Person zu sitzen. Ist dies gelungen, versucht nun dieser sitzende Kreis sich vorwärts zu bewegen. Jemand dirigiert: „Eins, zwei, links“, auf links bewegen alle das linke Bein etwas nach vorne – danach „Eins, zwei, rechts“ usw.

Gordischer Knoten

Wem gelingt es den Menschen-knopf wieder zu lösen?

10

Alle stehen im Kreis und geben sich die Hände. Eine bis vier Personen, je nach Gruppengrösse, stehen ausserhalb. Der Kreis beginnt sich kreuz und quer zu verflechten, bis ein Menschenknäuel entstanden ist. Die Spielenden halten sich dabei immer fest an den Händen und dürfen nie loslassen. Die anderen Spielenden versuchen nun den Knopf wieder zu entwirren ohne die Hände zu trennen.

Tinguely-Maschine

Die Spielenden bilden miteinander eine verrückte Maschine.

8

Alle stellen sich im Kreis auf, eine Person beginnt mit einer Bewegung und einem Geräusch. Dann fährt die nächste fort, bis alle ein Teil der Maschine bilden. Richtig lustig wird es, wenn die Maschinenteile ineinander verflochten sind.

Variante: Aufteilung in zwei Gruppen. Die eine baut eine Maschine auf, die das andere Team spiegelbildlich nachbauen muss.

Lüge oder Wahrheit

Wer findet aus drei Geschichten die erfundene heraus?

3

Alle sitzen im Kreis. Jede und jeder denkt für sich während fünf bis zehn Minuten drei Geschichten oder drei Erlebnisse aus. Eine dieser Geschichten wird dabei erfunden, die beiden anderen sind wahr. Wenn alle soweit sind, erzählt immer eine Person alle drei Geschichten. Die anderen einigen sich danach, welche Geschichte eine Lüge war.

Marktgeschrei

Welche Gruppe schreit so laut, dass man die Worte der anderen nicht versteht?

Ort

Wo es keine Nachbarn stört

16

Zwei Parteien stehen sich im Abstand von rund fünf bis zehn Metern gegenüber. Pro Runde stellt sich eine Spielerin oder ein Spieler zur gegnerischen Gruppe und muss versuchen, der eigenen Gruppe einen Satz mit einer bestimmten Anzahl Wörter zuzurufen. Der Satz wird von der gegnerischen Gruppe bestimmt. Die gegnerische Gruppe versucht die Übermittlung mit lautem Geschrei zu verhindern. Wie lange dauert es, bis der Satz verstanden wird?

Variante: In beiden Gruppen ist je eine Person der anderen Gruppe, welche den Satz der eigenen Partei zurufen muss. Beide Gruppen versuchen gleichzeitig die Nachricht zu verstehen und die Übermittlung zu verhindern.

Koffer packen

Gegenstände müssen in der richtigen Reihenfolge aufgezählt werden.

4

Alle sitzen im Kreis. Eine Person beginnt beispielsweise mit dem Satz: „Ich packe meinen Koffer und lege eine Hose hinein." Der Spieler oder die Spielerin rechts fährt nun fort und sagt: „Ich packe meinen Koffer und lege eine Hose und ein Hemd hinein." Der oder die nächste setzt die Aufzählung fort und so geht das Spiel weiter. Der Satz wird immer länger. Wer sich einen Gegenstand oder die richtige Reihenfolge nicht merken kann, scheidet aus. Wer am Schluss noch übrig bleibt, hat gewonnen.

Geldstück- oder „Fünfliber" klopfen

In welcher Hand befindet sich die Münze?

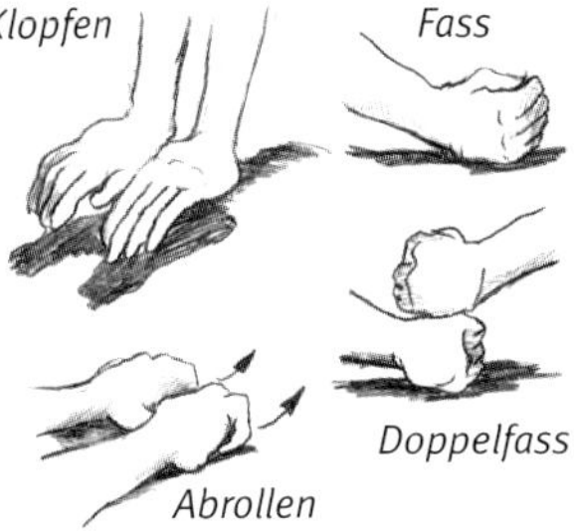

Ort

Um einen Tisch

Material

Grosse Münze

6

Die Mitspielenden werden in zwei Gruppen eingeteilt und setzen sich am Tisch einander gegenüber. Eine der Gruppen erhält eine Münze und alle Hände dieser Gruppe verstecken sich unter dem Tisch. Die Münze wird unter dem Tisch weitergereicht. In der anderen Gruppe wird jemand bestimmt, der nach einer gewissen Zeit „Stopp" ruft. Die Gruppe mit der Münze stellt die Ellbogen auf die Tischplatte, die Hände zu Fäusten geschlossen. Der Spieler oder die Spielerin der anderen Gruppe sagt nun, welches Symbol die Hände zeigen sollen: Flach + klopfen, Faust + abrollen, Wasserfall, Doppelmauer, Bock, Doppelbock, Fass, Doppelfass. Diese Symbole müssen zuerst gezeigt und geübt werden. Im Spiel muss die verlangte Hand-

bewegung so schnell wie möglich und gleichzeitig von allen Spielenden der Gruppe mit dem Geldstück gezeigt werden. Die Person, die schon „Stopp“ rief, versucht nun herauszufinden, in welcher Hand sich die Münze befindet. Die übrigen der Gruppe dürfen ihre Person beraten. Wenn sie sicher ist, dass die Münze sich in einer Hand nicht befindet, kann sie sagen „hier nicht“, worauf die Person preisgibt, ob die Münze dort war oder nicht. Wenn die Münze nicht in dieser Hand war, kann weitergeraten werden, ansonsten behält die Gruppe die Münze und versteckt sie von neuem. Gelingt es dem Spieler oder der Spielerin herauszufinden wo die Münze ist, wechselt diese die Gruppe.
Mit jüngeren Mitspielenden wird auf die schwierigen Symbole verzichtet und eine kleinere Münze benützt.

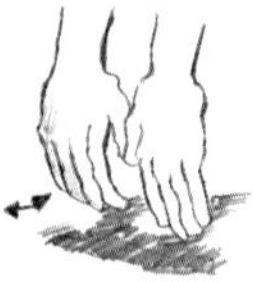

Wasserfall

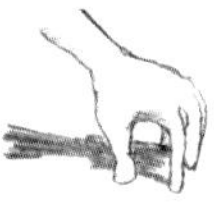

Bock

Doppelbock

Doppelmauer

Minigolf

Wer trifft am besten?

Material

1 Murmel,
1 Tannenzapfen
oder 1 Steinchen
pro Person

2

Einige Ziele werden bestimmt oder aufgestellt, die mit der Murmel, dem Tannenzapfen oder Steinchen getroffen werden sollen. Vom Startpunkt aus versucht die erste Person das erste Ziel zu treffen. Hat sie getroffen, kann je nach Abmachung vom ersten Ziel aus das nächste anvisiert werden, entweder wieder mit Werfen oder durch Kicken mit dem Zeigefinger oder dem Fuss. Wird ein Ziel verfehlt, ist die nächste Person an der Reihe und so weiter, bis die erste wieder an der Reihe ist und zum nächsten Versuch kommt.

Telefax

Nachrichten werden auf den Rücken gezeichnet und so weitergegeben.

Material

Papier und Schreibzeug

2

Die Spielenden sitzen nahe hintereinander auf dem Boden. Nun wird eine Zeichnung von Rücken zu Rücken übermittelt, indem auf den Rücken der nächsten Person mit dem Finger gezeichnet wird. Die erste Person hält die Zeichnung zu Beginn auf einem Papier fest. Sie lässt sich dann mit dem Endresultat vergleichen. Zu diesem Zweck hält der Empfänger oder die Empfängerin die erhaltene Nachricht ebenfalls auf einem Stück Papier fest.

Übersicht von A–Z

	Adler, Murmeltier, Steinbock	Aufstehen	Anschleichen	Berufe raten	Blinzeln	Brrrrr Tägg	Ching – Chang	Daumen raten oder „Dümele“	Der Fuchs geht um
Seite	60	93	73	24	54	57	58	13	26
min. Mitspielende	6	2	4	12	11	6	6	2	8
drinnen	x	x	x		x	x	x	x	
ohne Material	x	x	x	x	x	x	x	x	
bewegungsintensiv				x					
aktiv	x	x			x	x			x
ruhig			x				x	x	
auf dem Bahnsteig	x	x			x	x	x	x	
im Zug*	x					x	x	x	
um einen Tisch	x					x	x	x	
im Zelt	x					x	x	x	
im Schulzimmer	x	x	x		x	x	x	x	
im Schnee **				x					

*teilweise mit kleinen Anpassungen

	„Dümele“	Fangen	Fischernetz	Fliegender Holländer	Fliessband	Fuchs und Hase	Geldstück-, „Fünfliber“ klopfen	Gordischer Knoten	Hahnenkampf	Hände klopfen	Heimlich dirigieren	Holz berühren	Ich sehe etwas	Jäger, Bär, Bienen	Kaminfeger oder „Schwarza Ma“	Kampf der Krebse
	13	34	20	25	90	30	100	95	15	62	53	45	88	44	21	14
	2	5	8	16	10	12	6	10	2	4	6	6	4	18	10	2
	X	(x)			X		X	X	X	X	X	X	X	X		X
	X	X	X	X	X	X		X	X	X	X	X	X	X	X	X
		X	X	X					X			X			X	X
					X	X		X		X				X		
	X						X				X		X			
	X							X			X		X	X		
	X							X			X		X			
	X						X			X	X		(x)			
	X						X			X	X		X			
	X						X	X		X	X	X	X	X		
		X	X	(x)					X					X	X	

** alle sind in Bewegung und nicht am Boden

Übersicht von A–Z

	Katze und Maus	Kleider vertauschen	Koffer packen	Komm mit – Geh weg!	Kreissitzen	Labyrinth	Lüge oder Wahrheit	„Lümpelilege“	Marktgeschrei
Seite	31	76	99	28	94	32	97	26	98
min. Mitspielende	10	4	4	8	8	18	3	8	16
drinnen	x	x	x		x	x	x		
ohne Material	x	x	x	x	x	x	x		x
bewegungsintensiv				x					
aktiv	x				x	x		x	x
ruhig		x	x				x		
auf dem Bahnsteig		x	x		x		x		
im Zug*		x	x				x		
um einen Tisch			x				x		
im Zelt		x	x				x		
im Schulzimmer	(x)	x	x		x		x		
im Schnee **	x			(x)	x				x

*teilweise mit kleinen Anpassungen

	Mäuseoberhaupt	Metamorphose	Minigolf	„Möderlis“	Münzenversteckspiel	Ochs am Berg	Personen raten	Peter ruft Paul	Pinocchio	Planspiel	Platzwechsel	Psychiater	Rasende Paula	Riesen, Elfen, Zauberer	Ring durchziehen	Ringender Kreis
	23	84	102	55	65	71	82	58	43	70	66	83	63	18	52	48
	8	4	2	8	8	4	5	6	4	4	17	5	8	10	8	6
		X	X	X	X	X	X	X	X			X	X		X	X
	X	X		X		X	X	X	X	X	X	X		X		
	X										X			X		X
									X	X			X			
		X	X	X	X	X	X	X				X–			X	
		X		X	X		X	X				X	X		X	
		X			X		X	X				X				
		X			X		X	X				X	X			
		X			X		X	X				X	X		X	
		X	X	X	X		X	X	(x)			X	X		X	
	X							X		X			X		X	

** alle sind in Bewegung und nicht am Boden

Übersicht von A–Z

	Roboter	Rose, Tulpe, Nelke	Schere, Stein, Papier	Schiff steuern	„Schwarza Ma“	Schweinchen treiben	Standpunkt	Sternfangis	Tag und Nacht
Seite	80	89	12	78	21	64	16	29	17
min. Mitspielende	6	7	2	5	10	4	2	16	10
drinnen	x	x	x			x	x		
ohne Material	x		x	x	x		x	x	x
bewegungsintensiv	x				x			x	x
aktiv				x			x		
ruhig		x	x			x			
auf dem Bahnsteig		x	x			x			
im Zug*			x			x			
um einen Tisch			x			x			
im Zelt			x			x			
im Schulzimmer		x	x			x			
im Schnee **	x			x	x		x	x	

*teilweise mit kleinen Anpassungen

Tausendfüssler	Telefax	Telefonieren	Telegramm	Tinguely-Maschine	Tintenfisch	Verbotene Zahl	Verdauungstrakt	Versteckspiel	Was ist das?	Wenn Blicke töten / „Mörderlis“	Wer bemerkt die Veränderung?	Wessen Hand ist das?	Zahlensalat	Zeitungslesen	Zwergensuche
92	103	49	50	96	22	56	91	68	86	55	75	77	46	74	72
10	2	6	8	8	15	4	19	4	6	8	2	6	8	4	8
x	x	x	x	x		x	x	(x)	x	x	x	x	x	x	
x		x	x	x	x	x	x	x	x	x	x	x	x	x	x
					x										
x				x			x	x					x	x	x
	x	x	x			x			x	x	x	x			
	x	x	x	x		x			x	x	x	x	x	x	
	(x)	x	x	x		x			x		x	x			
	x	x	x			x			x		x				
	x	x	x	(x)		x			x		x	x			
x	x	x	x	x		x			x	x	x	x	(x)	x	
				x	x		x						(x)		

** alle sind in Bewegung und nicht am Boden

In der gleichen Reihe sind bisher erschienen:

Rolli/Völkening
mundo
Spiele aus aller Welt
ISBN 3-7252-0741-0

Lehner, Patrik
bäumig
Waldspiele kreuz und quer
ISBN 3-7252-0729-1

Bläuer, Jürg
wow
Echt tierische Spiele
ISBN 3-7252-0753-4

Völkening, Martin
Rundum
Kurzspiele im Kreis
ISBN 3-7252-0722-4

Käser/Musy/Rolli
night fever
Gesellschaftsspiele in Gruppen
ISBN 3-7252-0733-X

Binz/Raetzo-Brülhart/Brülhart
Ciao
Spielend kennen lernen
ISBN 3-7252-0703-8

Lehner, Patrik
tutti
Kurzspiele mit Alltagsmaterial
ISBN 3-7252-0732-1

Lehner, Patrik
Bike-Games
Spiele mit und auf dem Rad
ISBN 3-7252-0692-9

Cadonau/Bläuer
Salto
Zirkusspiele für Gross und Klein
ISBN 3-7252-0714-3

Käser/Musy/Rolli
Avanti Games
Spiele mit grossen Gruppen
ISBN 3-7252-0721-6

Kaderli/Lehner
Yeti
Spontane Gruppenspiele im Schnee
ISBN 3-7252-0691-0

Manfred Kaderli & Team

Geländespiele

Spielprojekte für Stadt, Wald und Wiese

144 Seiten
ISBN 3-7252-0656-2

Über 40 Geländespiele, die Kindern und Jugendlichen 2 bis 3 Stunden Spiel, Spass und Spannung im Freien ermöglichen. Zusammenarbeit, Taktik, Fantasie und Mut führen zum Erfolg im Spiel.

Kaderli/Bertschy/Ritter

kennen und können

Handbuch für Gruppenaktivitäten und Ferienlager

384 Seiten
ISBN 3-7252-0667-8

Vollständige Neuausgabe des vergriffenen Klassikers! Als Methodik-Handbuch und Nachschlagewerk unentbehrlich, mit zirka 700 erläuternden Zeichnungen, tollen Tricks und Kniffs. Themenschwerpunkte: Lagerbau, Seiltechnik, Orientieren, Kochen im Freien, Sicherheit und erste Hilfe.